SOUL OF TOKYO

GUÍA DE LA 30 MEJORES EXPERIENCIAS

ESCRITO POR FANY Y AMANDINE PÉCHIODAT
COESCRITO POR IWONKA BANCEREK
ILUSTRADO POR KANAKO KUNO

EDITORIAL JONGLEZ

guías de viaje

鰹
鰊
鯛

"EL SABOR DE JAPÓN
ES EL DE UN GRANO
DE ARROZ.

HAY QUE MORDERLO
CON DELICADEZA.

Y LLEGAR
A SU CORAZÓN."

FRANÇOIS SIMON

EN ESTA GUÍA
NO VAS A ENCONTRAR

- el número de teléfono de la Oficina de Turismo de Tokio
- la traducción japonesa de "comprar un billete de metro"
- la lista de medicamentos que te tienes que llevar

EN ESTA GUÍA
SÍ VAS A ENCONTRAR

- el número de teléfono del mejor *sushi* de Tokio
- la traducción japonesa de "tomar un baño de bosque"
- el cóctel de tu vida
- un restaurante secreto en Shibuya
- un salón de té oculto detrás de una floristería
- el *onsen* más alucinante
- el mejor masaje de cabeza
- la librería más pequeña del mundo
- el arte de hacer *standing sushi*

Porque esta guía no es para los que vienen a Tokio por primera vez, sino para los que vuelven. Para los que quieren abrir sus puertas secretas, sentir los latidos de su corazón, escudriñar sus más ínfimos recovecos y llegar hasta su alma.

Tras haber peinado París, Fany y Amandine Péchiodat (las fundadoras de My Little Paris) vuelven a las andadas con otra de sus ciudades favoritas: Tokio.

Hace cinco años, My Little Paris abrió una oficina en Japón. Cada vez que aterrizaba en Tokio, Fany aprovechaba para descubrir y probar nuevos lugares.

En 2018, deja My Little Paris y crea "Soul of" con Thomas Jonglez: una nueva manera de viajar en la que uno descubre el alma de una ciudad en 30 experiencias inolvidables.

¿CÓMO FUNCIONA **ESTA GUÍA?**

UNA CIUDAD RASTREADA

UNOS ENCUENTROS CURIOSOS

(un maestro del té verde, una creadora de emociones,
un chef con estrella hijo de una *geisha*)

CENTENARES DE LUGARES PROBADOS

−

LUGARES DEMASIADO CONOCIDOS ELIMINADOS

DESCONOCIDOS SEGUIDOS POR INTUICIÓN

MILES DE *SUSHIS* ENGULLIDOS

LITROS DE TÉ VERDE

UNA ILUSTRADORA NATIVA DE LA CIUDAD

KILÓMETROS DE CALLES RECORRIDAS

−

ALGUNOS CALLEJONES SIN SALIDA

=

Los 30 mejores lugares de Tokio

LOS SÍMBOLOS DE **"SOUL OF TOKYO"**

< 40 euros

de 40 a 80 euros

> 80 euros

no hablan inglés. pide a tu hotel (o a algún amigo japonés) que reserve

100% Japón tradicional

mejor aún en pareja

a menudo vas a tener que enseñarle al taxista la dirección de los sitios, así que te la ponemos en japonés en todas las páginas

30 EXPERIENCIAS

01. Beberte el cóctel de tu vida
02. Un salón de té en medio de las flores
03. El mejor *concept store* de Tokio
04. Un restaurante-escondite en Shibuya
05. Pasar la noche en la estantería de una biblioteca
06. El *sushi* favorito de François Simon
07. El mejor *onsen* de Tokio
08. El chef con estrella que no hace nada como los demás
09. 1 233 tonos de papel
10. Desayunar en un jardín japonés
11. La librería más grande del mundo
12. La librería más pequeña del mundo
13. Sencillamente mágico
14. Celebrar tu "falso" cumpleaños
15. Mercado de comida callejera tokiota
16. Cenar en el restaurante de unos ancianitos
17. Dar una vuelta en bici en Tokio
18. Beber un zumo de *yuzu* en el museo Nezu
19. Mini calle maxi borrachera
20. Comer comida de pueblo
21. Ecológico y algo más
22. Pasar una noche en el viejo Tokio
23. Hacer *standing sushi*
24. Hacer un *head spa*
25. Postular para un restaurante
26. Beber un cóctel a 235 metros del suelo
27. Comer arte
28. Salir de la ciudad para pasar una noche mágica
29. Dormir en un hotel cápsula
30. El museo más loco

...

31. Un lugar top secret

新宿
Shinjuku
千代田
Chiyoda
港
Minato
品川
Shinagawa
東京
TOKYO
Kanako
5
6
29
8
18
4
6
2
3
21
24
11
1
10
17
22
20
13
12
9
7
30

BEBERTE EL CÓCTEL **DE TU VIDA**

Cuando bebes un cóctel en Gen Yamamoto, piensas que nunca habías tomado un cóctel en tu vida.

Sentados en su minúsculo bar y sus ocho taburetes asistimos, en un silencio monacal, a una ceremonia de mixología única: una procesión delicada de gestos atentos en la que Gen Yamamoto corta con precisión el *yuzu*, desviste el tomate, dosifica la ginebra y el *sake* con una minuciosidad de genio loco.

Mandarina, vodka con leche y judías japonesas, fruta de la pasión, *whisky* de Kioto: en seis cócteles verás pasar encuentros deslumbrantes tan memorables como inesperados.

CRÉDITOS: CITY FOODSTERS

GEN YAMAMOTO
1-6-4 AZABU-JUBAN, MINATO-KU, TOKYO, ANNIVERSARY BUILDING 1F

東京都港区麻布十番1-6-4
アニバーサリービル1F

MAR - DOM: 15 h / 23 h
LUN: cerrado

Reserva obligatoria por e-mail
office@genyamamoto.jp
genyamamoto.jp
+81 3-6434-0652

4 cócteles : 5 500 yenes
6 cócteles : 7 500 yenes

02

UN SALÓN DE TÉ **EN MEDIO DE LAS FLORES**

A primera vista parece un florista de barrio simpático y encantador, pero detrás de los ramos, bajo un invernadero de flores, se esconde una casa de té totalmente *zen*. Las camareras llevan delantales de tela, como los de las floristas, y reparten teteras llenas de té de flores recién cortadas. Muy recomendable para recuperar el aliento entre dos recados frenéticos en Tokio.

AOYAMA FLOWER MARKET TEA HOUSE
5-1-2 MINAMI-AOYAMA, MINATO-KU, TOKYO

東京都港区南青山5-1-2

LUN - SÁB: 11 h / 20 h
DOM: 11 h / 19 h

+81 3-3400-0887
Se aconseja reservar

afm-teahouse.com/aoyama

AOYAMA FLOWER MARKET TEA HOUSE

AOYAMA
FLOWER
MARKET
TEA HOUSE
AOYAMA
FLOWERMARKET
TEA
TEA
HOUSE
HOUSE

EL MEJOR CONCEPT **STORE DE TOKIO**

Si te gusta Merci, el *concept store* de París, te va a encantar el del creador japonés Minä Perhonen, que no hace nada como los demás.

Abierto en 2017 en el barrio de Omotesando, Call (la contracción de *creation* y *all*) parece una alegre tienda donde trabajan tres generaciones: la vendedora más joven tiene 20 años, la más mayor, 83. A Minä le gusta mezclar generaciones en todas sus tiendas y contrata a mucha gente jubilada que no quiere dejar de trabajar. En Call te paseas de sala en sala y descubres una tienda de comestibles, un restaurante con terraza en lo alto y un taller de telas.

CRÉDITOS: MASAHIRO SANBE

CALL
(Entra por el edificio Spiral, toma el ascensor de la izquierda y sube a la 5ª planta)
5-6-23 MINAMI-AOYAMA, MINATO-KU, TOKYO, SPIRAL 5F, 5° PISO

東京都港区南青山5-6-23
SPIRAL5階

LUN - DOM: 11 h / 20 h | +81 3-6825-3733 | mp-call.jp

CALL

UN RESTAURANTE-ESCONDITE **EN SHIBUYA**

Los románticos empedernidos se enamoran tres veces al día. A Yuri Nomura le ocurre en cada comida. Estudió en Inglaterra y lavó muchas ollas en cocinas de París y de San Francisco (en el famoso restaurante Chez Panisse de Alice Waters) antes de regresar para abrir su restaurante Eatrip, pequeño oasis de vegetación oculto en el bullicioso Shibuya. Bajo el techo de cristal, sobre unas mesas grandes de madera, se comen platos sencillos, llenos de color y de ternura, hechos con alimentos orgánicos, locales y de temporada. ¿En qué se inspira? En la cocina de su infancia, en la que busca los recuerdos y las emociones. No se puede ir a Tokio y no cenar en su restaurante.

EATRIP
6-31-10 JINGUMAE
SHIBUYA-KU TOKYO, 1F

東京都渋谷区神宮前6-31-10

CENA: MAR - SÁB: 18 h / medianoche
SÁB: 11.30 h / 15 h
DOM: 11.30 h / 17 h

+81 3-3409-4002
shibuya@mail.com
Reserva obligatoria

restaurant-eatrip.com

- YURI NOMURA -

COCINERA DE EMOCIONES

Fascinada por el vínculo entre lo que sentimos y lo que comemos, Yuri va a crear un laboratorio de emociones. Un encuentro magnético.

¿Cómo era de niña?

Era muy golosa. Mi madre tenía una escuela de cocina. Eso significa que siempre he vivido rodeada de gente a la que le "gusta comer". Y es verdad que me interesaba la cocina, pero nunca pensé que sería mi profesión. Para mí, la cocina era "cosa de chicas", ¡y a mí me gustaban más los *boys talk*!

Luego me fui a estudiar a Inglaterra. Cuando regresé tenía ganas de empezar a cocinar.

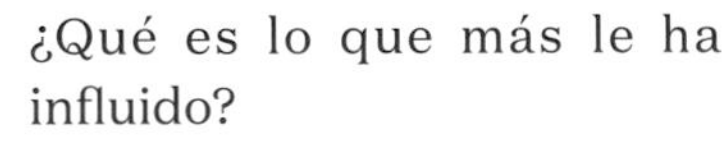

¿Qué es lo que más le ha influido?

Primero, el compartir. Cuando se trabaja codo con codo se crea una comunidad, y eso es lo que nos da fuerza. Para mí la cocina es la mejor herramienta para conocer gente afín a mí, que comparte las cosas que me gustan. Y también la cocina familiar.

¿Qué significa para usted la cocina?
Es una cocina de corazón, no tiene que ser algo sofisticado. El laboratorio de emociones que voy a crear va a ser un lugar de actividades culinarias que despertará emociones y recuerdos a través del sabor de un plato.

¿Cuál es el plato de su infancia?
Una tarta mimosa que mi madre cocinaba para los invitados. Siempre había una en la nevera para recibir a los visitantes, que eran numerosos. Y yo, a lo largo del día, cogía un trocito, luego otro trocito...

¿Cuál es el plato universal de los niños en Japón?
¡La sopa miso!

Pronto voy a abrir un laboratorio de emociones

JONATHAN SAFRAN FOER
電車男

PASAR LA NOCHE EN **LA ESTANTERÍA DE UNA BIBLIOTECA**

No hay nada más delicioso que dormirte haciendo lo que más te gusta en el mundo. Para los arquitectos Makoto Tanijiri y Ai Yoshida, es leer. En la 7ª planta de un edificio de oficinas, han creado una biblioteca con unas minúsculas habitaciones cápsula para pasar ahí la noche o para descansar echándose una siesta.

Elige tu libro, un *manga*, una novela de viajes o de aventuras en inglés o en japonés, métete en la cama y cierra la cortina.

CRÉDITOS: @AG.LR.88

BOOK AND BED TOKYO
1-17-7, NISHI IKEBUKURO, TOSHIMA-KU, TOKYO, LUMIERE BUILLDING 7F

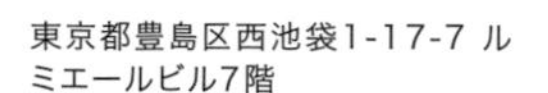

東京都豊島区西池袋1-17-7 ルミエールビル7階

LUN - DOM: entrada 16 h / 23 h salida 11 h DURANTE EL DÍA*: 13 h / 17 h	Desde 5 000 yenes la noche; 500 yenes la hora o 1 500 yenes las 4 horas	bookandbedtokyo.com/en/tokyo

* las camas no están disponibles para quedarse durante el día

BOOK AND BED TOKYO

4F
LUTELLA

EL *SUSHI* FAVORITO **DE FRANÇOIS SIMON**

Nunca habríamos oído hablar de este *sushi* si no fuera por François Simon, el gran crítico gastronómico que detecta joyas de restaurantes en el mundo entero.

Esta, la encontró en el barrio de Omotesando. Makoto, el jefe, lleva currándoselo 50 años: preparó *sushis* en todos los rincones de Tokio antes de abrir este pequeño y discreto restaurante de encanto que cuenta con un alegre equipo. Entra y di: *omakase*, que significa "me pongo en sus manos", y da carta blanca al maestro del *sushi*. Entonces empezarán a circular delante de tus ojos *sushis*, *sashimis*, pescados a la parrilla, sardinas, lenguados, pulpos, gambas, atunes... De 12 a 15 piezas en total hechas con una amabilidad y una delicadeza sin igual.

KIDOGUCHI SUSHI
5-6-3 MINAMIAOYAMA
MINATO TOKYO, B1F

東京都港区南青山5-6-3 メゾン
ブランシュ半地下

COMIDA: 12 h / 14 h CENA: 18 h / 23 h	+81 3-5467-3992 Reserva obligatoria	Comida: 3 000 yenes Cena: 20 000 yenes

- FRANÇOIS SIMON -

CRÍTICO GASTRONÓMICO

François Simon es el crítico gastronómico enmascarado de París. Todo el mundo sabe de su existencia, pero nadie lo ha visto. Prueba todos los restaurantes a escondidas. Viaja sin parar a Japón y conoce Tokio como la palma de su mano.

¿Qué es lo que más te fascina de Japón?

Japón me ha enseñado a volver a mi infancia. Hace 25 años que viajo a Japón y me percaté de que tenía una idea demasiado precisa sobre este país. Casi deseaba que me preguntasen "Oye, ¿qué opinas de Japón?", porque tenía respuestas para todo. Y de hecho me doy cuenta de que no sé nada. He olvidado todo para volverme un niño, con mis ojos y mi memoria como únicos recursos, sin que la inteligencia tenga que venir a inmiscuirse para estructurarlo todo.

Con el tiempo menos sé, y eso me agrada

¿A qué sabe Japón?

Lo interesante de un grano de arroz, cuando lo muerdes, es poder aislar el corazón blando de su cáscara.

A un grano de arroz

La última vez que viajaste a Japón fuiste a...

... Sapporo. Al principio tenía que ir a probar un restaurante chic y le dije a mi amigo que quería conocer el auténtico Sapporo. Así que fuimos a un restaurante bohemio, una especie de lugar para estudiantes alegre y un poco polvoriento, donde bebimos *sake* y charlamos en todos los idiomas. Así es cómo, para mí, uno consigue llegar "al fondo del grano de arroz".

¿Cómo recomiendas que viaje una persona?

Subiendo dos montañas: la de los prejuicios y la de la comodidad. Porque al otro lado de esas montañas hay una recompensa maravillosa: todo está por descubrir. Por ejemplo, ir a por un *onigiri* a las 2 de la mañana al 7-Eleven, viajar en los lentos trenes regionales en vez de en el Shinkansen, comprar el *bento* en la estación y comértelo en el tren mientras miras el paisaje, dormir en albergues juveniles, ir a barrios desconocidos, a museos donde no va nadie... En resumidas cuentas, esforzarte por hacer algo que te incomoda, pero que hace que ganes en conocimiento.

Te sientes insignificante, entonces te callas y degustas Japón en silencio

Salirte de lo que eres y dejar que Japón infusione en ti

EL MEJOR *ONSEN* **DE TOKIO**

Este *onsen* es inmenso y tiene la decoración típica del antiguo Tokio inspirado en la época tradicional llamada Edo. Te paseas por él con un *yukata*, el kimono de verano que te dan en la entrada. Te aconsejamos que pasees primero por el jardín japonés entre los arces y que te remojes los pies en el riachuelo, antes de desvestirte y meterte en los baños calientes de dentro y luego en los de fuera.

Termina con una siesta en los sillones de masaje del *onsen*. Tu estado al salir: flotando.

CRUZAR LA BAHÍA DE TOKIO CON EL METRO AÉREO

Para llegar a este *onsen* bastante alejado del centro de Tokio, aprovecha para coger la línea de metro aérea: Yurikamome (que significa "gaviota sonriente", el nombre de un pájaro que habita en la bahía de Tokio). Mide 14,7 km y pasa por el puente suspendido sobre el mar, el Rainbow Bridge. La vista es impresionante. Baja en la estación Telecom Center.

OEDO ONSEN MONOGATARI
2-6-3 AOMI, KOTO-KU
TOKYO

東京都江東区青海2-6-3

LUN - DOM: 11 h / 9 h
Abierto toda la noche

+81 3-5500-1126

daiba.ooedoonsen.jp/en/

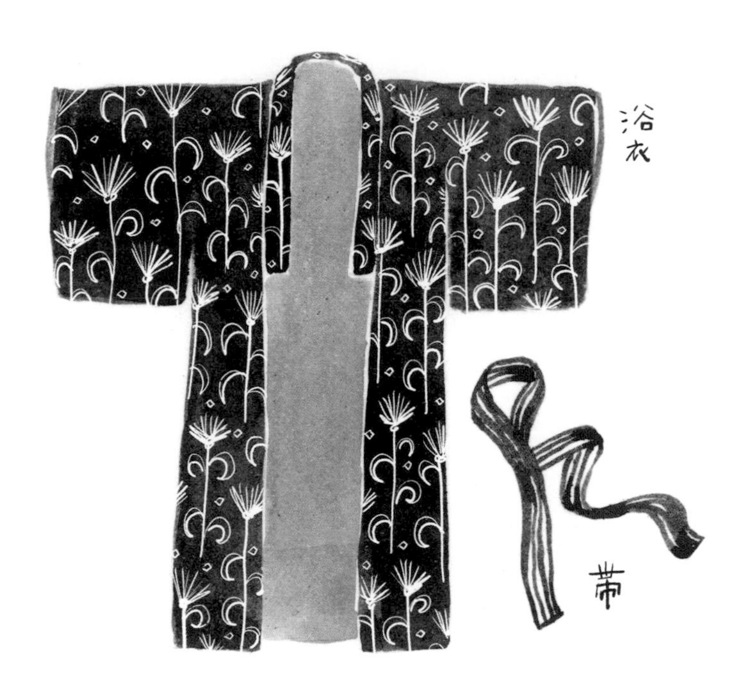

ONSEN
GUÍA PRÁCTICA

El baño caliente es el pasatiempo favorito de los japoneses. Antes o después de la cena, para "lavarse el espíritu", van en familia a un *onsen* (manantial de agua caliente en plena naturaleza) o a un *sento* (baño público de barrio). Hay un baño para mujeres y otro baño para hombres. Cada uno lleva su cubo bajo el brazo para lavarse y una toalla alrededor de la frente para protegerse el pelo o refrescarse la cabeza.

Desvístete:

está prohibido llevar traje de baño

(y tener tatuajes también).

Tu único accesorio:

una micro toalla para ponértela en la cabeza.

Ve a las duchas

Coge un cubo

Siéntate en un banquito

y lávate muy bien.

Sumérgete en el baño

Cuidado: el agua está muy caliente, a unos 42 grados, a veces más.

EL CHEF CON ESTRELLA **QUE NO HACE NADA COMO LOS DEMÁS**

Den es el único chef con estrella Michelin que tiene sentido del humor. Si preguntas a Passard por su restaurante favorito en Tokio, te pasa con discreción esta dirección. Su restaurante está entre los 50 mejores del mundo. En cada uno de sus platos ocurre algo increíble que hace que los clientes se rían automáticamente. Un emoticono tallado en una zanahoria, una hormiga escondida adrede en una ensalada... Tiene mucho humor y se lo toma muy en serio para tenerlo. Su obsesión: rejuvenecer la imagen que la cocina tradicional japonesa tiene entre los jóvenes. Y funciona.

CRÉDITOS: PAOLO STA. BARBARA

JIMBOCHO DEN
2-3-18 JINGUMAE, SHIBUYA-KU, TOKYO,
ARCHITECT HOUSE HALL JIA

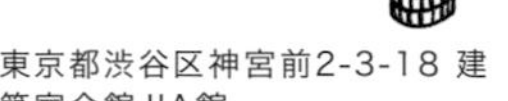

東京都渋谷区神宮前2-3-18 建築家会館JIA館

COMIDA: el horario varía
CENA: 18 h / 23 h
DOM: cerrado

+81 3-6455-5433
Reserva obligatoria

jimbochoden.com

- DEN -

CHEF CON ESTRELLA

¿De dónde le viene esa manera tan sorprendente de cocinar?

De mi madre, que es *geisha*. Me enseñó a cocinar, pero sobre todo el arte de entretener a los clientes. Nunca he estudiado en una escuela de cocina, pero hice mis primeras prácticas en su *ryotei* (restaurante dirigido por *geishas*). Los clientes, que estaban compinchados con ella, devolvían constantemente mis platos a la cocina, para enseñarme a ser humilde. Comprendí que no tenía que cocinar pensando en mí, sino en el cliente. Porque si pienso en él, él pensará en mí.

¿Qué tipos de platos cocina?

Mi madre es geisha

Solo sé cocinar comida japonesa tradicional. Sin embargo, me he dado cuenta de que los jóvenes ya no comen este tipo de comida. Tiene demasiadas reglas. Me pareció una pena, así que decidí ponerla de moda, convertirla en algo divertido, sin tabúes. Para mí, la cocina tiene que ser un idioma. En mi restaurante, quiero que se sientan como en casa. De hecho, a menudo personalizo mis platos con un dibujo, una imagen, un nombre, algo que conozco de mi cliente.

¿Cómo se imagina la creación de sus platos?

Lo hablo mucho con mi equipo y creamos juntos según nuestro humor del momento. Por ejemplo, como en Japón no se bebe café después del postre, he reinventado una taza Starbucks para hacer un postre con sabor a cappuccino-trufa totalmente sorprendente. Como perdí una estrella Michelín el año pasado, lo he llamado "Starbacks", ¡con la esperanza de que me ayude a recuperar la estrella! Cada plato tiene su historia. En cuanto a la hormiga en la ensalada la puse adrede porque es algo que recuerda a la comida de nuestros ancestros japoneses.

¿Cuál es el mejor consejo que le han dado en su vida?

"Lo único constante en la vida es el cambio". Es un consejo de mi madre, en el que pienso cada vez que cocino. Hoy tiene 59 años. ¡Y sigue siendo *geisha*!

CRÉDITOS : CITY FOODSTERS

1 233 TONOS **DE PAPEL**

Fundado en 1904, es un templo del papel repartido en 10 plantas: 1 000 tonos de colores en forma de sobres, cuadernos, papeles para *origami*, papeles regalo (el famoso *washi* japonés), tarjetas postales, tarjetas de felicitación. De hecho, los colores no son números, sino nombres atípicos: piel de cordero, sirenita.

Artistas, escritores y diseñadores acuden a esta tienda para abastecerse. Nosotros hemos salido con 17 bolígrafos, tres kilos de papel y cinco cuadernos para llenar de apuntes.

Nuestras dos plantas favoritas:
La 2ª, "Letters", dedicada al envío de correo, tiene hasta sellos y un buzón.
La 10ª, "Farm", donde hay un huerto de lechugas frescas con las que hacen las ensaladas que sirven en el restaurante que está justo encima.

ITOYA
2-7-15 GINZA, CHUO-KU
TOKYO

東京都中央区銀座2-7-15

LUN - DOM: 10 h / 20 h

+81 3-3561-8311

ito-ya.co.jp

P270
P280
P390
P400
P520
P510
P640

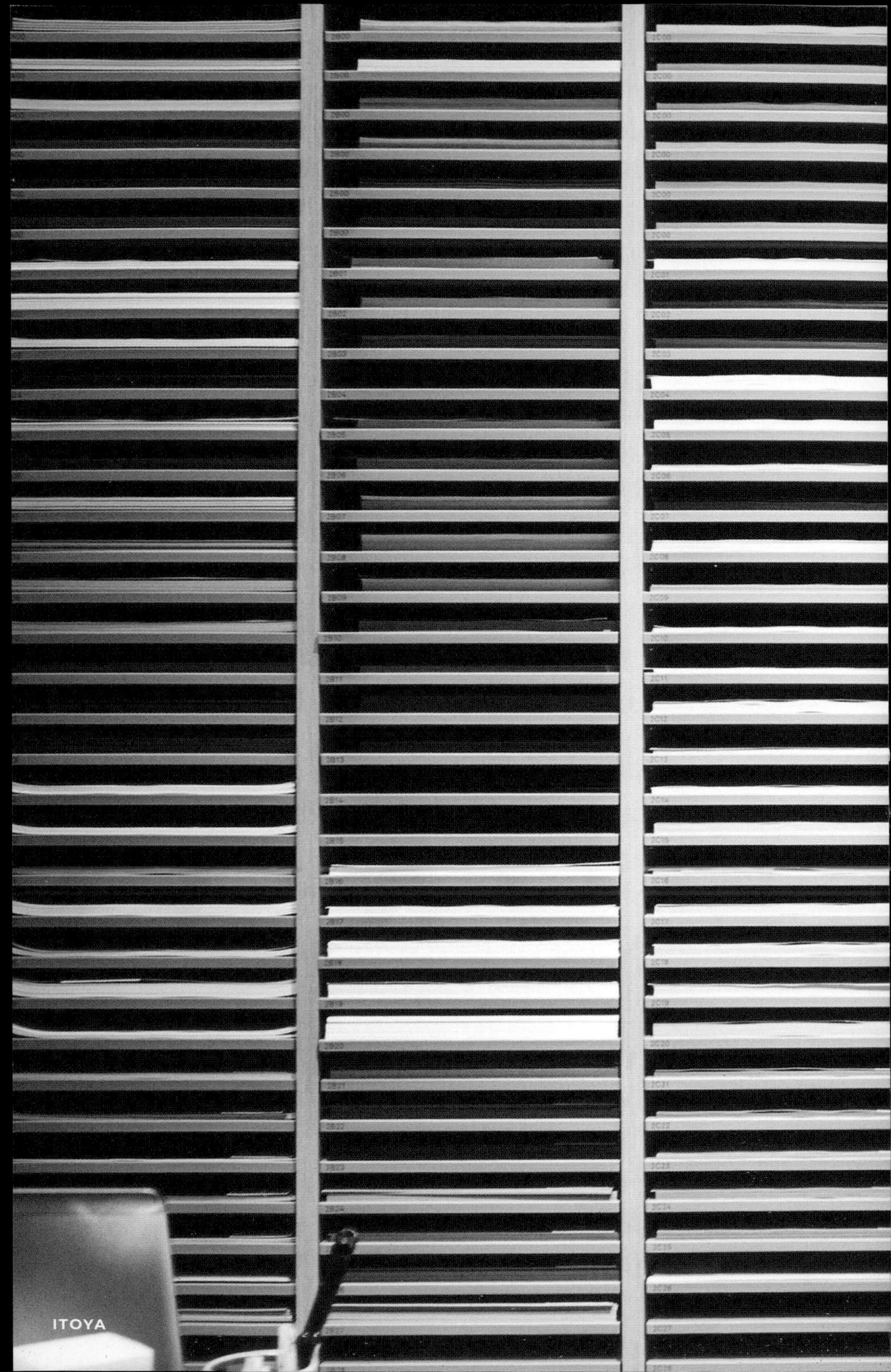

ITOYA

COMER EN
UN JARDÍN JAPONÉS

Si te chifla el tofu, puedes satisfacer tu tofumanía en Tofuya Ukai, un restaurante tradicional y su jardín japonés inspirados en el periodo Edo. Las camareras llevan incluso el *hakama*, el kimono de las chicas trabajadoras, que consta de un pantalón largo con pliegues que les permite caminar con más facilidad.

El tofu, casero, desfila en todas sus variantes: *age-dengaku* (frito y luego asado al carbón de leña y cubierto de miso dulce y salado), *tosui-tofu* (mezclado con leche de soja y servido en un cuenco de cerámica) o *yuba* (en corteza de tofu, la especialidad de Kioto).

Te sientas en unos *tatamis* frente al magnífico jardín japonés, la puerta corredera se cierra y comienza la larga ceremonia de platos.

TOFUYA UKAI
4-4-13 SHIBA-KOEN, MINATO-KU, TOKYO

東京都港区芝公園4-4-13

LUN - DOM: 11 h / 22 h
Cierra un día al mes

+81 3-3436-1028
Reserva obligatoria

ukai.co.jp/english/shiba/

¿QUÉ ES EL PERIODO EDO?

Es un periodo importante en la construcción de la cultura japonesa porque es el momento en el que el país se cerró a las influencias extranjeras y desarrolló su cultura local (entre 1603 y 1868). Fue principalmente durante el periodo Edo cuando nació la artesanía del Japón tradicional actual.

TOFUYA UKAI

JAZZ
JAZZ
JAZZ
JAZZ
BLUE NOTE

LA LIBRERÍA MÁS **GRANDE DEL MUNDO**

Tres gigantescos edificios por los que pasa la Magazine Street, con sus 55 metros de largo. La librería Tsutaya Daikanyama, considerada una las 20 librerías más bonitas del mundo, es el templo de los amantes de las revistas, un laberinto moderno de seis plantas con todo lo que puede existir en cuestión de lectura, tanto japonesa como internacional: literatura, cocina, viajes, automóviles, arte, arquitectura, música, y todo ello abierto hasta las 2 de la mañana. Alucinante, ¿no?

Consejo: no te olvides de subir a la primera planta del edificio central, donde descubrirás la librería Anjin, un espacio *lounge* donde te podrás sentar a descansar en unos grandes sofás, beber algo y hojear una de las 30 000 revistas *vintage* traídas de todas las partes del mundo.

TSUTAYA
16-15 SARUGAKUCHO,
SHIBUYA-KU, TOKYO

東京都渋谷区猿楽町16-15

LUN - DOM: 7 h / 2 h	+81 3-3770-2525	real.tsite.jp/daikanyama/english/

LA LIBRERÍA MÁS **PEQUEÑA DEL MUNDO**

Una habitación con solo un libro: es el precepto de esta micro-librería devota del minimalismo a la japonesa. Cada semana, un nuevo libro, un nuevo universo, ya que el espacio se adapta al libro que se expone. Puedes comprar el libro, pero también conocer a su autor y los objetos relacionados con su libro.

CRÉDITOS: MIYUKI KANEKO COURTESY TAKRAM

MORIOKA SHOTEN & CO
1-28-15 GINZA, CHUO-KU, TOKYO,
1F SUZUKI BUILDING

東京都中央区銀座
1–28–15 鈴木ビル 1F

MAR - DOM: 13 h / 20 h
LUN: cerrado

+81 3-3535-5020

SENCILLAMENTE **MÁGICO**

En una callejuela de Ginza hay una puerta que da a una salita totalmente oscura con una mesa grande y ocho sillas. Entras y te sientas. Primero, se escuchan sonidos misteriosos, luego, en las paredes, aparece un bosque de bambú, unas flores van creciendo, unas mariposas vuelan. Nievan pétalos en tu mesa, que se convierte en un río, mientras que tu plato echa a volar cual mariposa. Estás en el restaurante digital MoonFlower Sagaya Ginza, Art by teamLab. Hay muy pocos en el mundo y este es el más asequible. Es caro, pero es tan bonito, mágico y delicioso, que merece la pena cruzarse el mundo entero para conocerlo.

MOONFLOWER SAGAYA GINZA, ART BY TEAMLAB
2-5-19 GINZA, CHUO-KU, TOKYO, 6F, PUZZLE GINZA

東京都中央区銀座 2-5-19
PUZZLE 銀座 6F

TODOS LOS DÍAS: 19 h

+81 3-6263-2525
Reserva obligatoria

moonflower-sagaya.com

MOONFLOWER SAGAYA GINZA,
ART BY TEAMLAB

CELEBRAR TU "FALSO" **CUMPLEAÑOS**

En una calle concurrida del barrio de Shibuya hay dos restaurantes, uno enfrente del otro: en uno, los dueños son hombres, en el otro, mujeres. En el de los hombres se come pescado en un ambiente tranquilo; en el de las mujeres, se sirven las brochetas cantando. Dos tipos de cocina, dos ambientes que se pican mutuamente para atraer el máximo de clientes. Nosotros hemos elegido nuestro bando: el de las mujeres, que tiene una ventaja importante, la de celebrar los cumpleaños como nadie.

Un consejo: llama, di que es el cumpleaños de alguien de tu mesa... no te contamos lo que ocurre luego.

東京都渋谷区宇田川町
41-23　第二大久保ビル1F

LUN - DOM: 17 h / 24 h

+81 3-5428-3698
Se aconseja reservar

A partir de 2 000 yenes

使用

SHOZO COFFEE STORE

MERCADO DE COMIDA **CALLEJERA TOKIOTA**

Una cervecería de cerveza artesanal, un *food truck* estilo Brooklyn, un puesto vegano, una cabaña de pescado flameado con soplete y una caravana de tapas... No busques más, estás en el reino de los hípsteres. Commune 2nd, en el corazón de Omotesando, es un mercado de comida callejera ecléctica y colorida donde eliges lo que bebes y lo que comes en uno de los *food trucks* antes de sentarte con todos los demás en una mesa grande de madera. Algunas noches hay conciertos al aire libre. Divinamente hípster japonés.

COMMUNE 2ND
3-13 MINAMI-AOYAMA,
MINATO-KU, TOKYO

東京都港区南青山3-13

LUN - DOM: 11 h / 22 h

commune2nd.com

STREET MARKET COMMUNE 2ND

Fries & Ginger Ale
BROOKLYN
RIBBON FRIES
make you
LICIOUS!
GINGER
DRINK
1 BRF GINGER ALE
-RIBBON FRIES-
1 SEA SALT & BLACK PEPPER
2 ALL SPICE
3 CINNAMON SUGAR
4 ONION GRATIN SOUP
TO GO PACK
BLUE MOON
BELGIAN WHITE
ORDER
HERE
DRINK
ALCOHOL

LOS *JAPONISMOS*

Hay palabras que solo existen en Japón que describen
un estado de ánimo, un humor, un sentimiento
que solo la cultura japonesa sabe percibir.
Te hemos seleccionado nuestros seis *japonismos* favoritos.

Komorebi

木漏れ日

—

*RAYOS DE SOL

La luz del sol que se filtra a través de las hojas de los árboles.

*BAÑO DE BOSQUE

Tomar un baño de bosque.

Pasearse por el bosque donde todo es silencio, paz y relajación.

Yuugen

*LA BELLEZA DE UN LUGAR

La percepción del universo que despierta emociones demasiado misteriosas y profundas para poder expresarlas con palabras.

Shoganai

*LOS AVATARES DE LA VIDA

"¡Qué le vamos a hacer, es así!". Es la aceptación de que, de todos modos, algo está fuera de nuestro control y hay que avanzar sin resquemor.

Hijiame

肘雨

*LLUVIA DE CODOS

En Japón hay 50 nombres distintos para la lluvia, pero nuestro favorito es la "lluvia-codo": lluvia tan repentina que no da tiempo a sacar el paraguas y hay que protegerse con los codos.

Wabisabi

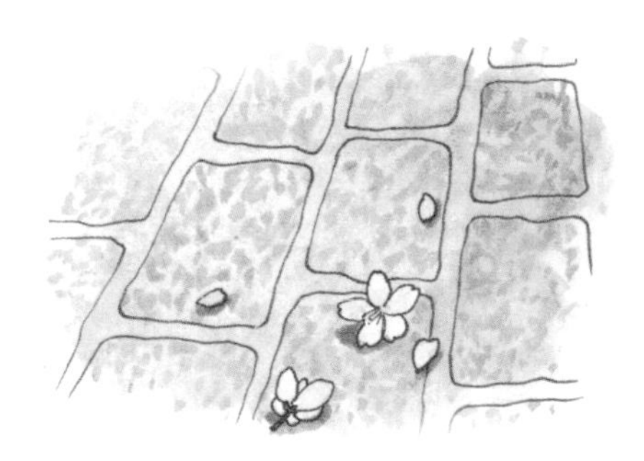

わびさび

*BELLEZA DEL TIEMPO QUE PASA

¿Es imperfecto, es efímero, está desgastado por el tiempo? Eso es lo bonito. Esa estética del tiempo que pasa se llama *wabisabi*.

SOSAIBOU
4-1-9 MEGURO-HONCHO,
MEGURO-KU, TOKYO

東京都目黒区目黒本町4-1-9

LUN - VIE: 18 h / medianoche
Cerrado fines de semana y festivos

+81 3-3710-4336
Reserva obligatoria

Menú fijo a partir de 7 000 yenes

CENAR EN EL RESTAURANTE **DE UNOS ANCIANITOS**

Pero ¿dónde estamos, exactamente? ¿En su salón? ¿En su cocina? ¿En su restaurante?

Katsuro y Mieko son los dueños de Sosaibou. Él, el poeta, sirve platos que parecen vías lácteas. Ella, la fiestera, sirve el *sake*. Deben tener unos 80 años y no pueden vivir el uno sin el otro: dos ancianitos excéntricos que sirven desde hace 33 años comida *zen*, inspirada en los monjes.

En sus platos, todos los colores, todas las formas, todos los sabores se mezclan: para él, a veces hay cosas amargas, a veces cosas dulces, y hay que aceptarlo.

Un lugar donde conviven la alegría, la sabiduría y... la ebriedad.

¿QUÉ ES LA COCINA *ZEN*?

En japonés, se dice *shojin ryori:* la cocina de los monjes, una filosofía de 800 años de antigüedad, que se inspira en la estacionalidad y que prohíbe la carne, el pescado, la cebolla, el puerro, el ajo y otras raíces, porque cosecharlas causaría la muerte de estas verduras.

DAR UNA VUELTA **EN BICI POR TOKIO**

Yanaka es el barrio más antiguo de Tokio, uno de los pocos que han conservado sus templos, sus casas de madera y sus tranquilas callejuelas, invadidas por el tintineo de las bicis... Hablemos de bicis: haz como los habitantes de Yanaka y regálate un paseo por el barrio alquilando una bici en Tokyobike. Este espacio de diseño, que también es un café y una tienda *lifestyle*, está dedicado a los numerosos amantes de las bicis en Japón, los que se las llevan a todas partes, en el metro, a la oficina, e incluso duermen con ellas. Prueba de ello, su cuenta de Instagram @tokyobike_jp dedicada por completo a las bicis.

TOKYOBIKE
4-2-39 YANAKA, TAITÕ, TOKYO

東京都台東区谷中4-2-39

LUN - DOM: 10 h / 19.30 h	+81 3-5809-0980	tokyobikerentals.com

TOKYOBIKE

喜
ときわ
Asahi
大 ASAHI BEER 20
2-9

5 COSAS PARA HACER
EN BICI EN YANAKA

- meditar en el jardín *zen* del templo Nexu, un santuario sintoísta tradicional;
- visitar SCAI THE BATHHOUSE, una galería de arte contemporáneo construida en un antiguo *onsen*;
- descubrir los paraguas invertidos y otros objetos de diseño de la tienda de artesanía KONCENT Kuramae;
- degustar y comprar té en Nakamura Tea Life Store, una casa de té tradicional;
- crear tu propia agenda a medida o tu color de tinta favorito en la papelería Kakimori.

BEBER UN ZUMO DE *YUZU* **EN EL MUSEO NEZU**

Existen micro placeres que te alegran el día. Por ejemplo, ir a Minato en el Museo Nezu (museo de arte tradicional), pasar por delante del biombo de bambúes y bordear el camino de guijarros, comprar la entrada para entrar en el museo, cruzar las salas expositivas, abrir la puerta del Nezu Café, sentarse a la mesa con vistas al exuberante jardín japonés, pedir un zumo de *yuzu*, pegar la nariz contra el cristal y... disfrutar.

CRÉDITOS: FUJITSUKA MITSUMASA

NEZU MUSEUM
6-5-1 MINAMI-AOYAMA,
MINATO-KU, TOKYO

東京都港区南青山6-5-1

MAR - DOM: 10 h / 17 h

+81 3-3400-2536

Es necesario pagar la entrada al Museo Nezu para tener acceso a este salón de té

EL JARDÍN EN EL MUSEO NEZU

のんべい横
2F

福
みや

19

MINI CALLE **MAXI BORRACHERA**

No, ahí no, allá. Porque claro, vas a oír hablar por todas partes del famoso Golden Gai, ese barrio popular lleno de bares conocido como el "barrio de la sed". Pero nosotros te hablamos del "callejón de los borrachos", mucho más discreto, justo detrás de las vías del tren de Shibuya, reconocible por las guirnaldas de farolillos que cuelgan en la entrada. Un callejón con minúsculos bares que venden *sake*. Nuestro favorito: el que está al final de la calle, lleno de grafitis, al que se accede por una escalerita, donde no caben más que cuatro clientes y que también es un karaoke. Pregúntale al dueño, a él también le gusta cantar. Tu estado al salir: alegre y tambaleándote.

SHIBUYA NONBEI YOKOCHO
1-25 SHIBUYA, SHIBUYA-KU, TOKYO

東京都渋谷区渋谷一丁目25

Ideal para después de cenar

COMER
COMIDA DE PUEBLO

Robata quiere decir "donde nos reunimos" y es exactamente la sensación que se tiene al entrar en Robata Honten, un restaurante íntimo lleno de historias. Una fachada de 100 años de antigüedad, paredes rebosantes de libros, papeles pintados, vajillas y muebles de época, aún más viejos que el dueño de 74 años. Se llama Inoue Takao, le apasiona la literatura japonesa y el cine, tomó el relevo de su padre y de su abuelo como cocinero de comida de pueblo, que sirve en gigantescos platos para compartir. Juliette Binoche y Catherine Deneuve instalaron aquí su cuartel general tokiota.

ROBATA HONTEN
1-3-8 YURAKUCHO,
CHIYODA-KU, TOKYO

東京都 千代田区有楽町1-3-8

LUN - SÁB: 17 h / 23 h DOM: cerrado	+81 3-3591-1905 Se aconseja reservar	A partir de 5 000 yenes/ persona

3-8
爐端
鑪端

ROBATA HONTEN

BIO, ECO **Y ALGO MÁS**

Biotop es el Colette de lo bio, lo eco, un *concept store* lleno de plantas y flores enfocado al medioambiente que destina el 1 % de sus ventas a los esfuerzos de reforestación en Japón. Creado por la marca japonesa Adam y Ropé, esta tienda es extraordinaria por su arquitectura atípica e inspiradora.

Es lugar de encuentro de diseñadores y creativos, y es aquí donde se lanzan todas las marcas influyentes (y respetuosas con el medioambiente).

No te pierdas el bar-restaurante Irving Place, todo de madera, en la tercera planta, ni la *treehouse*, una pequeña cabaña construida en un árbol que domina el patio y a la que se puede subir.

Bio: *check*. Top: *check*.

東京都港区白金台4-6-44

LUN - DOM: 11 h / 20 h | +81 3-3444-2421 | biotop.jp

PASAR UNA NOCHE **EN EL VIEJO TOKIO**

... y despertarse en un tatami. Saludar a tus vecinos y pasear en bici por las pequeñas calles del barrio: es una inmersión en la vida local que propone Hanare, una especie de casa de huéspedes, hotel y albergue tradicional a la vez, ubicado en el tranquilo barrio de Yanaka.

El hotel Hanare, en resumen, es toda la ciudad: compartes los mismos lugares que frecuentan los habitantes del barrio. Te despiertas en una habitación al principio de una calle y desayunas en la otra punta, y luego cambias de calle para ir al *sento* (baño público). Por la noche, te calzas las *getas*, esas famosas sandalias japonesas de madera, y entras en tu habitación completamente vacía para colocar tú mismo el edredón y el futón en el *tatami*. Venga, apaga la luz, ¡buenas noches!

HANARE
HAGISO, 3-10-25 YANAKA,
TAITO-KU, TOKYO

東京都台東区谷中3-10-25
HAGISO

ENTRADA: 15 h / 21 h
SALIDA: 11 h

+81 3-5834-7301
hanare.hagiso.jp/en

Habitación a unos 20 000 yenes

UOGASHI NIHON-ICHI
25-6 UDAGAWACHO,
SHIBUYA-KU, TOKYO

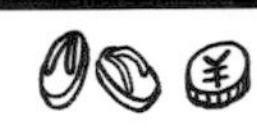

東京都渋谷区宇田川町25-6

LUN - VIE: 10 h / 22.30 h (última entrada)

+81 3-5728-5451

uogashi-nihonichi.com/english/

HACER *STANDING SUSHI*

La cola de espera ya empieza en la calle, pero tu paciencia será recompensada: en el Standing Sushi Bar típico de Shibuya, centenares de vientres afamados desfilan para disfrutar del fugaz placer de un *sushi high level* que te comes de pie, directamente en el sitio: atún graso, vieira, erizo. Hasta las doce de la noche, tres chefs preparan sin descanso los platos al minuto. Diez pequeños *sushis*. Después, vuelta a empezar...

HACER
UN *HEAD SPA*
3 SALONES DE BELLEZA

En Japón, el masaje craneal es un ritual que los japoneses practican con regularidad para relajarse tras un día largo. ¿Dónde? En los *head spas*, lugares especializados en el cuidado del cabello y de la cabeza. Te hemos seleccionado tres locales donde puedes darte un masaje craneal que te lleve al séptimo cielo.

> EL MÁS BONITO:

Es Ridicule. Sí, ese es el nombre de esta peluquería bohemia ubicada en un pequeño apartamento. La especialidad de la casa: el *head spa*, un masaje craneal delicioso.

RIDICULE
3-31-13 JINGUMAE,
SHIBUYA-KU, TOKYO

東京都渋谷区神宮前3-31-13

LUN - SÁB: 11 h / 21 h
DOM: 11 h / 19 h
FESTIVOS: 11 h / 19 h

+81 3-3478-7332
Reserva obligatoria

ridicule.jp

> EL QUE TE HACE FLOTAR:

Está un poco lejos (a 45 minutos), pero merece el desvío: Cocona es un *hair spa* donde te lavan el pelo, te dan un masaje capilar y te peinan mientras te meces en una hamaca...

COCONA
3-16-1 KOENJI-KITA, SUGINAMI-KU, 2F,3F

東京都杉並区高円寺北3-16-1
田中ビル2.3階

LUN - DOM: 9.30 h / 21 h
MAR: cerrado

+81 3-5356-6543
Reserva obligatoria

salon-cocona.com

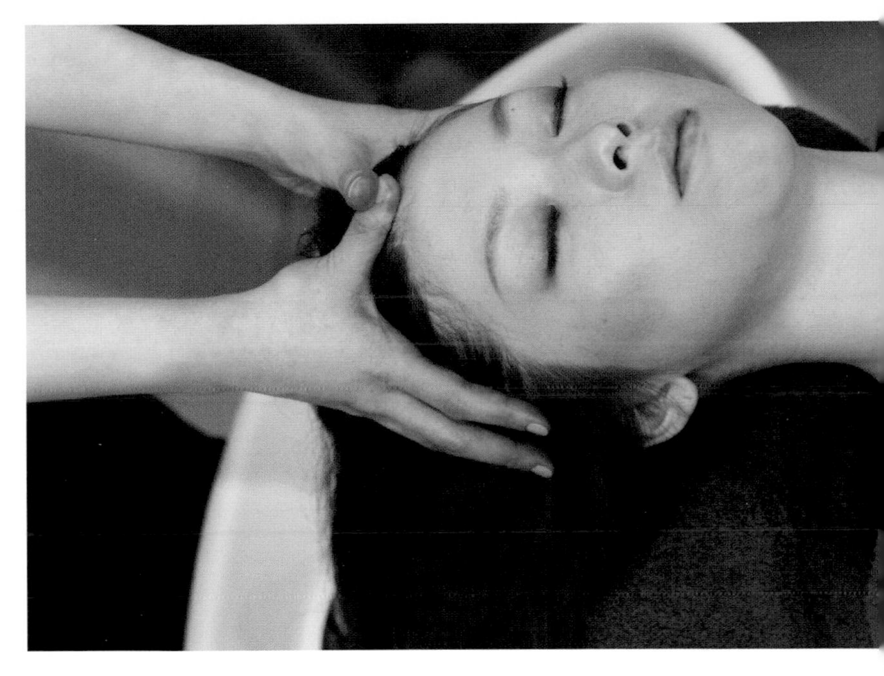

> EL MÁS PUNTERO:

En Uka, te hacen primero un diagnóstico avanzado de tu pelo y de tu cráneo, luego pasas a una salita donde se ocupan de ti: según el momento del día, eliges un champú para dormir (Nighty night) a base de camomila, lavanda, romero, o para despertarte (Wake up) a base menta picante. Luego te lavan el pelo mientras lo masajean, alternando presiones fuertes y suaves en los puntos energéticos del cráneo y de la parte alta de la nuca. Después lo envuelven en una servilleta caliente, lo peinan y lo secan. 45 minutos más tarde sales como si estuvieras flotando en una nube.

UKA TOKYO MIDTOWN,
9-7-4 AKASAKA, MINATOKU,
TOKYO GALLERIA 2F

東京都港区赤坂9-7-4 東京ミッドタウン ガレリア2F

LUN - SÁB: 10 h / 23 h
DOM: 10 h / 22 h

+81 3-5413-7236
Reserva obligatoria

uka.co.jp/salons/midtown/

EL PELUQUERO COCONA

POSTULAR **PARA UN RESTAURANTE**

Este restaurante hay que merecérselo: para cenar en Bohemian tienes que enviar una "carta de motivación" o conocer a alguien que conoce a alguien que conoce a alguien...

Y es que no es de extrañar. Solo hay dos mesas y Kazu, el chef, es un iluminado de la cocina: ha estado en Burning Man, y su obsesión es cocinar en los lugares más locos del mundo.

Pescados de temporada, pimientos, maíz, moluscos, champiñones, brochetas... Kazu cocina todo al fuego, según la tradición de los pescadores de Hokkaido que cocinaban en sus barcos. Te sientas alrededor de un *irori*, esa mesa tradicional con un agujero en medio para el fuego, con los pies descalzos que masajeas con unas pequeñas canicas, y la ceremonia puede empezar.

Venga, vamos a echarte una mano... aquí tienes el correo electrónico para que envíes tu carta de motivación: kazu@playearth.jp

BOHEMIAN SECRET

Envía una carta de motivación a kazu@playearth.jp

BEBER UN CÓCTEL **A 235 METROS DEL SUELO**

Es en el hotel del Park Hyatt Shinjuku donde se rodaron las clásicas escenas de la película *Lost in Translation*. Sube hasta la planta 52 del New York Bar a partir de las 17 h para poder conseguir uno de los dos mejores sitios: el de Bill Murray alias Bob Harris, sentado en el bar, o el que está frente a las vertiginosas vistas, a la izquierda del bar.

Todas las noches hay un concierto de jazz. Pide el cóctel L.I.T. alias Lost in Translation (*sake*, licor de cereza, melocotón, arándano) o el Sugar Blues (Rittenhouse Rye, *yuzu*, Coca cola, Amer Picon, clara de huevo, zumo de limón). Y piérdete... en las *translations*.

Jazz en vivo de lunes a sábado a partir de las 20 h, domingos a partir de las 19 h.

PARK HYATT
3-7-1-2 NISHI SHINJUKU, SHINJUKU-KU, TOKYO

東京都東京都新宿区西新宿
3-7-1-2

LUN - MIÉ: 20 h / 23.45 h
JUE - SÁB: 20 h / 0.30 h
DOM: 19 h / 22.45 h

+81 3-5322-1234
Se aconseja reservar

tokyo.park.hyatt.com

"RENÉ MAGRITTE DINNER FOR DELVAUX" 2015
CRÉDITOS: MASAYUKI SAITO

COMER **ARTE**

No se conoce ni la dirección ni a los comensales. Hasta el último minuto no se sabe lo que va a pasar. La única cosa que se sabe es que la velada va a ser memorable. La misteriosa Ayako Suwa es una artista de *performance* que organiza "restaurantes guerrilla" en Tokio donde los invitados viven experiencias culinarias únicas. Lo nunca comido.

Te toca a ti encontrar la manera de estar en la lista de los potenciales invitados.

Visita la web **foodcreation.jp** para conocer los próximos eventos

"TASTE OF PHOTOGRAPHY" 2015
CRÉDITOS: NAOHIRO UDAGAWA

"TASTE OF LUNASOL" 2015
CRÉDITOS: LUNASOL

- AYAKO SUWA -

ARTISTA CULINARIA

CRÉDITOS: ITTETSU MATSUOKA

La artista Ayako Suwa ha trabajado para Dior, para Agnès B, para museos contemporáneos y con grandes chefs. Su obsesión: plasmar en sabores el sabor de las emociones. Ha creado el sabor a ansiedad mezclada lentamente con el del terror, el de la culpabilidad, el del orgullo, el de la melancolía... Ayako hace de la cocina una experiencia de vida profunda.

¿Cuándo nacieron sus ganas de abrir un "restaurante guerrilla"?

A los 4 años de edad. Crecí rodeada de naturaleza, la cual me aterraba y atraía a la vez. Las medusas en el mar, los insectos en las flores: todo me fascinaba. De repente, había montado un "restaurante guerrilla": jugaba a las comiditas usando insectos muertos, el polen, las flores, y me inventaba amigos más jóvenes que yo que comían de todo sin saber lo que era...

Comemos para vivir, probamos para evolucionar

¿Qué le mueve en sus inspiraciones?

El deseo, la curiosidad y las ganas de comer. Me gusta preguntarme cuando me cruzo con gente en la calle lo que comen, cómo viven, etc.

¿Cuál es su último descubrimiento?

Ha sido en el mar, unas algas que no había visto nunca, con una forma extraña. De hecho, en un alimento no busco el buen sabor, sino la sorpresa.

¿Cómo funciona un "restaurante guerrilla"?

Desde que llega, el comensal está inmerso en un universo especial. Cuando se sienta a la mesa tiene que respetar unas reglas:

- cerrar los ojos;
- comer con las manos;
- de un solo bocado;
- al mismo tiempo que los demás comensales. Para compartir la misma sensación.

¿Y cómo se imagina sus "restaurantes guerrilla" antes de crearlos?

Un poco como una ceremonia. Mis camareros son artistas a quienes doy un papel e incluso un personaje. La pregunta que me hago cada vez es: ¿cómo expresar de la mejor manera el sabor de esta experiencia? ¿Cómo dejar huella en los comensales para que se marchen con un recuerdo fuerte?

Solo me gusta comer lo que es raro

"JOURNEY ON THE TABLE WITH VVG TAIPEI" 2012
CRÉDITOS: VVG

HOSHINOYA KARUIZAWA,
KITASAKU-GUN, NAGANO, 389-0194

長野県北佐久郡軽井沢町長倉
2148

Solo para las ocasiones excepcionales porque es muy caro
Desde 52 000 yenes la noche

+81 50-3786-1144
Reserva obligatoria

hoshinoya.com/karuizawa/en/

SALIR DE LA CIUDAD PARA **PASAR UNA NOCHE MÁGICA**

3 *RYOKANS* FUERA DE TOKIO

> UN *RYOKAN* DE LUJO

Por una noche, aléjate de la fauna tokiota para descubrir un lugar de ensueño, como sacado de una película de Miyazaki: el hotel Hoshinoya en Karuizawa, un gran *ryokan*, su tranquilo *onsen*, sus caminos de piedra y sus pequeñas pagodas de madera en pleno bosque. Todas las pagodas están situadas alrededor de un lago y, cuando cae la noche, una barca se desliza bajo tu ventana para encender las decenas de linternas flotantes que iluminan la noche como luciérnagas. En cada pagoda, las habitaciones tienen baño privado, pero también puedes subir hasta el Meditation Bath, un baño caliente situado en una habitación con luz tenue.

A 1 hora de Tokio en Shinkansen

¿QUÉ ES UN *RYOKAN*?

Es un albergue tradicional japonés, con los materiales típicos (madera, bambú, papel de arroz, *tatami*) y mobiliario minimalista (mesas bajas, puertas correderas, futones) que cambian de sitio durante el día, ya que las habitaciones son el salón y el cuarto de dormir a la vez. Hay pocos en Tokio, muchos más en Kioto y en las zonas rurales japonesas.

HOSHINOYA KARUIZAWA

> UN BAÑO PRIVADO EN LA MONTAÑA

Con las vistas panorámicas de la habitación que da al mar, el *ryokan* Kazekomichi está en la magnífica ciudad de Atami, con sus palmeras y su costa.

El mejor momento para disfrutar de las vistas es por la mañana, tomando un baño caliente en la bañera privada de la terraza de tu habitación, mientras miras cómo sale el sol sobre el mar.

A 30 minutos de Tokio en Shinkansen

WATEI-KAZEKOMICHI
28-18 BAIEN-CHO, ATAMI, SHIZUOKA

静岡県熱海市梅園町28-18

Desde 38 000 yenes para dos	contact@kazekomichi.jp	kazekomichi.jp/en/

EL DISCRETO ENCANTO DEL SHINKANSEN

En Japón, los paisajes son tan bonitos que el viaje en tren merece el destino. Para salir de Tokio, puedes tomar los pequeños trenes regionales o si quieres ganar tiempo, el Shinkansen (tren de alta velocidad japonés).
Antes de subir al tren en la estación de Tokio elige tu *bento* para llevar en Ekibenya Matsuri (en el vestíbulo de la estación) y saboréalo mientras miras el paisaje que desfila ante tus ojos.

> EL MEJOR *ONSEN* DE JAPÓN

En la ciudad de Kutsasu, el Kutsasu Onsen ha sido elegido el mejor *onsen* de Japón, principalmente por la calidad terapéutica de sus aguas, pero también por la belleza de sus manantiales de agua caliente que se cruzan en plena ciudad para formar pequeños ríos. Pasa el día en este *onsen* y duerme en el hotel Boun.

En Shinkansen + tren local, unas 2 horas y media

KUSATSU ONSEN BOUN
433-1 KUSATSU-MACHI,
AGATSUMA-GUN, GUNMA, JAPAN

群馬県吾妻郡草津町433-1

Desde 30 000 para dos | +81 279-88-3251 | hotelboun.com

628
629
632
631
630
629
606
605
604
603
60

DORMIR EN **UN HOTEL CÁPSULA**

Tokio rebosa de hoteles cápsula, diseñados para optimizar el espacio ofreciendo camas-cápsula situadas las unas junto a las otras, en vez de habitaciones. Claustrofóbicos abstenerse. Nuestro favorito, el Nine Hours, donde los clientes solo pasan "9 horas": las horas necesarias de sueño, o incluso algo más. Se parece a una estación espacial intergaláctica, con toda la clase y la tecnología que tanto envidiamos de Japón: despertador luminoso, almohadas ergonómicas, zapatillas y pijamas incluidos.

CRÉDITOS: 9 HOURS

9HOURS
3F-8F 1-4-15 HYAKUNINCHO,
SHINJUKU-KU,TOKYO 169-0073

東京都新宿区百人町1-4-15 ナインアワーズ北新宿ビル3-8F

Desde 5 000 yenes | +81 3-5291-7337 | ninehours.co.jp/en

EL MUSEO **MÁS LOCO**

De una de las creaciones de teamLab ya te hemos hablado, pero lo han vuelto a hacer, así que no podemos no incluir, de última hora, su nuevo y alucinante proyecto. Esta vez han abierto el Mori Building Digital Art, un museo único en el mundo: los visitantes no ven dos veces lo mismo. ¿Por qué? Porque las obras están vivas y reaccionan en vivo cuando entran en contacto con los espectadores, con la ayuda de medio millar de proyectores y de ordenadores: aquí, una cascada que desciende rápidamente por una pared, allí, un paseo por un bosque de lámparas o bordeando un arrozal virtual. ¿Su finalidad? Mostrar que el mundo no tiene límites. Objetivo conseguido.

MORI Building DIGITAL ART MUSEUM: teamLab Borderless
ODAIBA PALETTE TOWN, 1-3-8 AOMI, KOTO-KU, TOKYO, JAPAN

東京都江東区青海1-3-8 お台場
パレットタウン

LUN - JUE: 11 h / 19 h
VIERNES Y VÍSPERA DE FESTIVOS: 11 h / 21 h
SÁB: 10 h / 21 h
DOMINGOS Y FESTIVOS: 10 h / 19 h

+81 3-6406-3949

Comprar las entradas:
ticket.teamlab.art

MORI BUILDING DIGITAL ART
MUSEUM: TEAMLAB BORDERLESS

**En la colección "Soul of",
el 31° lugar no te será revelado nunca porque
es demasiado confidencial, te toca a ti dar con él**

EL SITIO **DEMASIADO SECRETO**

Para encontrar la pequeña puerta de este restaurante, solo te damos la dirección del 7-Eleven. Cuando ya estés dentro, esta es la lista de los platos que tienes que pedir: caballa flambeada, maíz rebozado, brocheta de atún, aguacate y hueva de pescado, gambas en tempura, tofu a la miel... Suerte con la búsqueda.

dirección de inicio:

**7-ELEVEN
1-11-5 JINNAN, SHIBUYA-KU
TOKYO, 2F**

東京都渋谷区神南1-11-5
ダイネス壱番館別館2F

LUN - DOM: 17.30 h / 23.30 h

+81 3-3463-1010
Reserva obligatoria

Desde 4 000 yenes

1. Toma la escalera a la derecha del 7-Eleven

2. Sube y ve hasta el final del pasillo

3. Abre la vieja puerta gris a tu derecha

4. Al final del pasillo, hay una puerta grande y una pequeña

5. Abre la puerta pequeña

6. Buen provecho